RÉPONSE

AUX ARTICLES

DE M. HENRI FONFRÈDE,

SUR L'ÉTAT ACTUEL

DE LA QUESTION ESPAGNOLE;

Par M. V. A.

(*Courrier de Bordeaux* du 7 et du 9 juillet.)

BORDEAUX,

IMPRIMERIE DE BALARAC JEUNE, RUE DES TROIS CONILS, 8.

1838.

AVANT-PROPOS.

Depuis que la guerre civile qui désole l'Espagne attire l'attention publique sur ce malheureux pays, tous les partis en ont jugé les causes et les diverses phases d'après leurs intérêts et leurs passions, et tous, sans exception, se sont arrêtés en deçà ou sont allés au-delà de la vérité. Cet état de choses est si naturel qu'il y aurait folie à vouloir le rectifier : aussi, l'auteur de cet écrit aurait-il subi la loi commune, si un écrivain de savoir et de conscience n'avait entrepris de parler de l'Espagne en se plaçant à un point de vue plus élevé et en restant en dehors des partis. Mais quelle que soit d'ailleurs la confiance que doivent inspirer et le nom et la haute capacité du publiciste dont il s'agit, son éloignement du théâtre des événemens et la difficulté insurmontable pour tout étranger de pénétrer la vérité, l'ont fait tomber dans des erreurs qui pourraient égarer encore l'opinion publique, et la rendre complice bien innocente d'un système de déception que sa loyauté et son intelligence désavoueront toujours. Si, lorsqu'il fallait faire ressortir la vérité d'un dédale inoui de rapports controuvés et de conjectures passionnées, on a pu reculer devant l'immense difficulté de cette tâche, du moins est-il permis d'espérer de ramener, aujourd'hui, la question sur un terrain plus ferme et de parvenir à la dépouiller entièrement de tous les prestiges et de toute la fantasmagorie dont elle est restée entourée jusqu'à ce jour.

M. Fonfrède a publié, dans le *Courrier de Bordeaux*, des articles sur l'état actuel de la question espagnole, et c'est en répondant à ces articles que je crois pouvoir trouver une occasion favorable pour retracer les faits dans toute leur exactitude, bien convaincu que M. Fonfrède saura reconnaître, dans cette publication, plutôt le désir de voir enfin l'opinion publique acheminée vers la vérité, qu'une intention de polémique, aussi en dehors de mon esprit et de mes habitudes, qu'inutile à la cause que je sers et au but que je me propose. Je reviendrai donc souvent, dans le courant de cet écrit, aux articles du *Courrier de Bordeaux*.

Que l'on me permette, avant tout, quelques considérations personnelles, qui me poseront en face du lecteur de manière à le laisser entièrement juge de la valeur de mes remarques et de l'authenticité de mes informations , puisqu'elles lui montreront comment j'ai vu les hommes et à quelle source j'ai puisé mes renseignemens.

J'étais à *la Granja* lors de la maladie de Ferdinand , à Madrid lors de sa mort. J'ai vu tout ce qui se passa à cette époque, j'en ai connu les intrigues. J'ai été particulièrement lié avec la plupart des hommes qui figurèrent alors en première ligne dans tous les partis. J'ai observé la révolution, toujours de près, soit dans la capitale, soit dans les provinces. Les circonstances d'une vie extraordinaire et très-variée m'ont procuré un grand nombre de relations très-flatteuses pour moi et qu'aucun titre n'aurait pu me faire acquérir, car je n'en ai aucun pour répondre à cette généreuse bienveillance que j'ai eu le bonheur d'obtenir de l'élite de mes compatriotes. Si j'entre dans ces détails, c'est donc seulement pour faire comprendre que le peu de choses que je dirai et beaucoup d'autres choses *que je dirai plus tard*, sont vraies et recueillies aux sources les plus pures. Ce sont des faits positifs que je me contenterai d'effleurer, mais qui, dans un travail d'une autre espèce, pourraient recevoir des développemens authentiques, des développemens que je me sens dans le cas de pouvoir leur donner. Je me trouvais à Valladolid lorsque le général Zaratiegui y entra en 1837. Je le suivis, attaché à son état-major. Après l'affaire d'Aranda de Duero, où nous repoussâmes la division christine, commandée par Lorenzo, j'allai joindre l'expédition royale qui revenait des environs de Madrid : je restai avec le roi dans *la Sierra de Burgos*. Je vins ensuite dans les provinces basques et je les parcourus avec soin. Entré par la Biscaye, je sortis d'Espagne par la Navarre, à la fin de l'année dernière ; j'ai pu voir et toucher les choses de bien près chez les uns comme chez les autres.

Je suis carliste, je le dis hautement, mais je le suis devenu par conviction. L'amour qu'il est très-naturel d'éprouver pour le parti qu'on a embrassé, surtout quand on lui a tout sacrifié comme moi, pourrait me donner une teinte de partialité dont je m'efforcerai de dégager mon écrit. Du reste, je ne suis pas de ces royalistes enthousiastes des rois, qui, épris pour leurs majestés d'une aveugle tendresse, approuvent sans discernement tout ce qui émane de leur autorité souveraine. N'ayant jamais eu l'honneur d'être l'ami personnel d'aucun roi, je suis resté franc de haine et d'amour pour les personnes royales. Quant à Charles V, je l'aime, il est vrai, mais comme roi malheureux et comme emblème du caractère et de la nationalité espagnole, quoique, par des circonstances particulières, j'eusse pu le chérir davantage alors que Sa Majesté n'était que Son Altesse Royale l'Infant Don Carlos. Ainsi, je n'ai aucun motif de faire son éloge ni de jouer ici le rôle de courtisan, d'autant plus, et je me fais un devoir de le déclarer à mes amis et à mes ennemis de tous les partis, que je suis fatigué des choses de l'Espagne ; que j'ai passé le tiers de ma vie à l'étranger ; enfin, que je ne crois pas que les années que j'ai encore à vivre suffisent pour rendre à la Péninsule le calme et le bonheur, pour la remettre de ses longues et cruelles souffrances. Né dans l'île de Cuba, que j'ai quittée bien enfant, je rêve depuis quelque temps, et sans savoir trop pourquoi, à ces plages lointaines qui seront un jour indépendantes de l'Espagne. Je ne m'étais jamais dit à moi-même, en cherchant dans mon cœur ma patrie, *je suis Américain.* Et maintenant je me le dis, et je ne puis éloigner cette pensée qui me poursuit sans cesse

J'arrive à mon but.

M. Fonfrède commence par dire dans son premier article :

« Depuis quelque temps nous n'avons pas ex-
» primé notre opinion sur la transformation gra-
» duelle de l'Espagne. Nous nous sommes bornés à

» mettre sous les yeux de nos lecteurs le tableau
» successif des événemens. Mais à mesure que
» nous avançons, il est utile, il est même indis-
» pensable d'extraire des faits eux-mêmes les en-
» seignemens moraux qu'ils nous présentent. C'est
» le seul moyen de nous former une idée exacte
» de l'avenir de la Péninsule, et d'entrevoir la so-
» lution de la crise révolutionnaire qui la travaille.»

Ce premier paragraphe me fournit l'occasion
de me plaindre d'une grande injustice des journa-
listes français. Je cherche en vain depuis que je
suis en France, et je n'ai pas trouvé encore un
seul journal qui présentât d'une manière impar-
tiale ce *tableau successif des événemens* de notre
guerre civile. Les journaux révolutionnaires, ainsi
que les journaux ministériels, se sont bornés à re-
produire en miniature le tableau inexact que trace
journellement la presse révolutionnaire espagnole.
En revanche, les journaux légitimistes n'ont donné
que les nouvelles favorables au roi Charles **V**,
et il n'y a pas de doute que l'impartialité chez
ces derniers aurait été en bien pure perte, puisque les autres ne l'observaient pas dans leurs
feuilles. De là, une chose qui me frappa à mon
arrivée en France, les uns me disaient : *Les affaires de don Carlos sont donc en bien mauvais
état, et la guerre est à peu près terminée en fa-*

veur de Christine ! Les autres : *Voilà donc votre roi sur le point d'entrer dans Madrid : la campagne de cette année sera enfin la dernière !* Je n'ai jamais vu un seul organe de la presse qui publiât avec franchise les rapports des généraux des deux partis sur les mêmes batailles ; les mesures administratives du gouvernement de Madrid à côté de celles du gouvernement du roi ; ce qu'il y a de bon et de mauvais chez les uns à côté de ce qu'il y a de bon et de mauvais chez les autres. Voilà ce que j'appellerais un tableau de nos événemens politiques. Mais enfin, si M. Fonfrède n'a trouvé ce tableau ni dans son journal ni dans aucun autre, il l'a trouvé probablement dans tout ce qu'il a lu et observé par lui-même ! Alors, je n'ai plus qu'à exprimer le regret que tout le monde ne lise pas et n'observe pas avec un soin égal pour qu'on soit moins passionné et plus juste envers nous.

« Je sais, dit M. Fonfrède, que plusieurs bons
» et loyaux Espagnols, constitutionnels modérés
» dont j'apprécie fort le suffrage, m'ont su mau-
» vais gré de ce que j'ai écrit à plusieurs reprises
» contre l'intervention française en Espagne.
» Cela m'a été pénible ; mais j'ai dû persister,
» parce que je suis convaincu que dans l'état des
» choses rien ne pouvait être plus fatal aux deux
» pays que l'intervention. Je suis convaincu que

» de tous nos hommes politiques, celui qui a le
» moins compris l'Espagne, c'est M. Thiers ;
» que l'homme qui la comprend le mieux au
» monde, c'est Louis-Philippe ; et que le roi des
» Français, en empêchant l'exécution des projets
» de M. Thiers, a rendu à l'Espagne, autant et
» peut-être plus qu'à la France, un incalculable
» service. »

Et moi aussi, et tous les Espagnols raisonnables de tous les partis, nous sommes convaincus que jusqu'à présent il ne s'est pas trouvé un seul pouce de terrain dans la Péninsule où une armée française pût occuper, au milieu de notre révolution, une place utile et convenable, je dirai plus, une place qui ne fût pas hérisée de dangers pour l'Espagne, pour la France et pour l'Europe entière. Le roi des Français a bien compris cette question, bien, très-bien comme S. M. les comprend et les dirige toutes. Peut-être le funeste traité de la quadruple-alliance a-t-il servi de leçon. Le prince de Talleyrand joua le plus mauvais tour à la sagesse et à la prévoyance de Louis-Philippe en bâclant ce traité, car il ne faut pas croire que les argumens les plus plausibles en faveur de l'intervention soient nés des paroles de M. Thiers, lorsque cet homme d'état disait : *Que la seule cause des excès possibles du principe révolutionnaire, c'était la crainte de voir triompher don Carlos ; qu'une fois la puissance de don Carlos détruite, le libéralisme exalté ne serait plus redoutable ; que tout rentrerait dans l'ordre, et que la monarchie constitutionnelle d'Isabelle s'organiserait par enchantement.* M. Fonfrède répond à ces *puériles illusions* d'une manière victorieuse ; mais ce n'est pas là que les interventionistes trouvaient leurs armes les plus puissantes, et l'opinion déplorable qu'ils professent n'a pu prendre quelque consistance qu'en s'appuyant sur cette demi-intervention, stipulée par le quadruple traité qui donne à tout le monde le droit de dire au gouvernement français : *Ou continuez ou rétrogradez, et avouez que vous avez mal fait en signant le traité.* Comment voulez-vous, Monsieur Fonfrède, qu'on n'exige pas plus que ce qu'il fait d'un gouvernement qui, d'accord avec l'Angleterre et le Portugal, commence par faire, puis s'arrête au point juste où, sans aider ses amis à vaincre, il les empêche seulement d'être vaincus, au point juste où la guerre ne doit jamais finir, et où les Espagnols peuvent continuer à s'entr'égorger pendant cent ans ?

Vous dites plus loin :

« Je vais dire une vérité horrible, que j'ai déjà imprimée dès le début des troubles de la Pénin-

» sule. Je souffre à l'écrire, je voudrais l'anéantir ;
» mais la nier ne serait pas l'empêcher d'être.
» Donc, soyons hommes et regardons-la en face.
   » C'est qu'en Espagne, avant qu'un ordre ré-
» gulier devînt possible, il fallait que de part et
» d'autre on détruisît les obstacles qui s'y oppo-
» saient. Or, il n'y avait que les excès carlistes
» qui pussent extirper, par la violence, la force
» motrice des excès révolutionnaires. Il n'y avait
» que les excès révolutionnaires qui pussent ex-
» tirper, par la violence, la force motrice des
» excès carlistes. Il fallait que, dans le sang et
» dans la flamme, cette double destruction s'opé-
» rât avant que les deux élémens de force gouver-
» nementale qui existent dans les deux camps,
» fussent assez purgés de leur venin natif, assez
» épurés de leur moyens de perturbation réci-
» proque, pour que la transaction qui doit les
» réunir devînt possible et salutaire. »

Oui, vous avez raison, Monsieur Fonfrède, c'est
une chose horrible que vous dites là ; mais elle
n'est pas vraie, Dieu merci : j'en atteste la raison
humaine ; j'en atteste les sentimens qui ani-
ment tous les Espagnols, à l'exception de quelques exaltés, dont l'exemple tout exceptionnel ne
peut fournir une base suffisante pour asseoir un
jugement exact sur l'état véritable des partis.

Quoi! le massacre et l'extermination seraient le seul remède aux tristes dissensions qui troublent en ce moment l'Espagne! A quel degré de barbarie croyez-vous donc notre nation réduite! Non, il n'est pas un homme sensé qui consente à admettre ce désolant fatalisme, trop spécieux évidemment pour être adopté par d'autres que par ceux qui ont besoin d'y trouver la justification de tous les crimes révolutionnaires! Je ne crois pas, Monsieur Fonfrède, que telles soient vos intentions.

Cependant, même en acceptant pour un moment vos idées, comment voulez-vous apprécier le choc des deux élémens de force que vous dites exister dans les deux partis, si vous ne les laissez pas agir et se combattre en liberté? Pourrez-vous jamais dire que le résultat de cette lutte soit le produit naturel des forces respectives des combattans, si vous ôtez de la force aux uns, tandis que vous en ajoutez aux autres?

Ecoutons encore M. Fonfrède :

« Ainsi donc, quand les interventionistes re-
» prochaient à la France de rester paisible specta-
» trice de ce drame convulsif et féroce, sans doute
» nous sentions une grande pitié, une grande et
» désespérante souffrance s'emparer de notre âme,
» comme à la vue d'un malade qui nous est cher

» et qui se tord sur son lit de douleur, en invo-
» quant notre secours contre la crise violente qu'il
» éprouve, et contre la douleur des moyens cura-
» tifs que la nature ou l'art emploient pour l'en
» débarrasser. Mais la raison d'état, la néces-
» sité, parlent plus haut que le sentiment, dans
» ces grandes crises politiques. Essayer préma-
» turément de guérir l'Espagne, eût été une folie
» que le gouvernement français n'a que trop es-
» sayée pendant les premiers temps. Il fallait la
» laisser souffrir sous l'action providentielle de
» ses déchiremens internes, jusqu'au moment où
» la maladie sera susceptible de céder au remède,
» et le malade résigné à écouter le médecin. »

Vous appelez ce que la France a fait et fait encore tous les jours contre les défenseurs de Charles V, et en faveur de la révolution, *rester paisible
spectatrice de ce drame convulsif et féroce !* Mais,
si la France avait été paisible spectatrice comme
l'Espagne et l'Europe entière le furent de la révolution française en 1830, il y a long-temps
que ce *drame convulsif et féroce* aurait cessé.
Vous dites aussi que nous sommes *un malade qui
vous est cher et qui se tord sur son lit de douleurs,
en invoquant votre secours contre la crise violente qu'il éprouve et contre la douleur des*

moyens curatifs que la nature ou l'art emploient pour l'en débarrasser!

Merci, merci mille fois au gouvernement français de son système curatif; mais pourquoi donc sommes-nous chaque jour plus malades? Vous vous croyez des médecins habiles, et nous, nous vous croyons des médecins *incapables* ou sans pitié pour ces Espagnols que vous voulez soigner! Vous êtes près de notre lit de douleur, et vous nous administrez seulement des essences pour nous ranimer dans notre agonie! Mais vous ne savez pas ou vous ne voulez pas panser nos blessures, d'où vous voyez couler un torrent de sang! De grâce, faites tout, ou bien ne faites rien. La part que la France prend, aujourd'hui, à notre querelle domestique, ne sert qu'à soutenir une coterie qui en remercie votre gouvernement de temps en temps par le moyen de la *Gazette Officielle*, et d'accord, peut-être, avec votre ambassadeur à Madrid. Mais vous chercherez en vain une expression de reconnaissance parmi les journaux indépendans de toutes les couleurs. Aucun parti, soyez-en sûr, Monsieur Fonfrède, ne sait gré au gouvernement français de sa politique envers l'Espagne. N'en soyez pas étonné : c'est le sort des choses faites à demi, des choses mal faites.

Je trouverai précisément dans votre premier

article de quoi vous prouver que tout ce que le gouvernement français a fait pour l'Espagne dans cette révolution est absurde.

Vous dites :

« **La** force gouvernementale qui appartient
» principalement à don Carlos, c'est l'assentiment
» populaire sur lequel il faut nécessairement s'ap-
» puyer, même pour modifier graduellement les
» passions et les préjugés populaires ; c'est l'amour
» de la stabilité qui s'attache aux institutions an-
» tiques, et qui craint les conséquences dangereu-
» ses que les meilleures innovations traînent sou-
» vent à leur suite, si l'on se livre trop facilement
» à leurs combinaisons improvisées. »

Donc, l'appui que votre gouvernement donne au parti contraire à Charles **V** est un appui donné à une cause qui est contraire *à l'assentiment po-pulaire sur lequel il faut nécessairement s'ap-puyer*. Et c'est votre gouvernement qui protège une cause pareille !.... une cause contraire *à l'as-sentiment populaire sur lequel il faut* **NÉCES-SAIREMENT S'APPUYER !**....

Cette raison fut pourtant celle qu'on employa, pour que Ferdinand n'hésitât point à reconnaître la royauté de Juillet 1830. Je le sais : témoin de la révolution de Paris, j'en portai à Ferdinand et à ses ministres les premières nouvelles. Le dis-

cours du duc d'Orléans, comme lieutenant-gé-
néral du royaume, à l'ouverture des chambres
le 3 août; les premiers journaux des jours qui
suivirent la révolution et les premières dépêches
de notre ambassadeur à Paris furent remis par
moi. Je répondis à toutes les questions; je don-
nai les premières impressions sur ces événemens
au roi d'Espagne et à ses ministres. Ferdinand
crut devoir rester neutre, en homme prudent et
en roi gentilhomme. Il promit de ne se mêler en
rien aux affaires de la France, et il tint parole
avec une loyauté sur laquelle les interprétations
défavorables n'eurent jamais la plus légère prise.

Ferdinand reconnut le roi des Français parce
qu'on lui dit que ce prince était roi par *l'assentiment populaire*. Je fus alors un des premiers
Espagnols qui eurent l'honneur d'être présentés
par l'ambassadeur d'Espagne au roi des Français,
et j'en reçus l'accueil le plus flatteur. Je sais un
peu tout ce qui se passa à cette époque. Ferdinand
ne se démentit jamais. Il comprit que la politique
la plus sage et la plus juste vis-à-vis de Louis-
Philippe consistait à éviter surtout de s'immiscer
dans les événemens dont la France était le théâtre.

Il me semble que l'Espagne avait bien le droit
d'en attendre autant de ses voisins, et que les

partisans du frère de Ferdinand, ceux enfin dont la cause sacrée a pour légitime appui *l'assentiment populaire*, devaient être au moins fort éloignés de supposer que leurs ennemis obtiendraient du gouvernement de Juillet d'aussi vives sympathies.

Est-ce la qualité des élémens composant la force gouvernementale des révolutionnaires espagnols, qui leur a mérité la préférence qu'on leur accorde? Voyons ce qu'elle est et si elle vaut mieux que la nôtre.

M. Fonfrède dit :

« La force gouvernementale qui se trouve di-
» visée entre les deux partis, c'est le *droit héré-*
» *ditaire*, dont tous les deux ils se disputent l'ap-
» plication exclusive.

» La force gouvernementale qui appartient
» principalement à la reine, c'est l'esprit de
» progrès, de travail, d'affranchissement, de rai-
» sonnement, qui réside dans la classe éclairée,
» et qui doit mettre l'Espagne en communion ci-
» vile avec le reste de l'Europe civilisée. »

Je demanderai à tout homme de sens, ce qui, en politique, est plus juste, plus impartial et surtout plus sage et plus facile : d'aider un gouvernement appuyé sur *l'assentiment populaire*, sur *l'amour de la stabilité qui s'attache aux institu-*

tions antiques, et qui craint, comme le dit très-bien M. Fonfrède, *les conséquences dangereuses que les meilleures innovations traînent souvent à leur suite* ; je demanderai s'il est plus sage et plus facile d'aider ce gouvernement qui peut très-bien acquérir *l'esprit de progrès, de travail, d'affranchissement, de raisonnement qui réside dans la classe éclairée*, ou bien d'aider un gouvernement qui veut improviser ces résultats, qui s'appuie sur des fantômes, qui se fait adhérent à certaines choses, non pas parce qu'elles existent, mais seulement parce qu'il les désire ; qui dédaigne en même temps *la toute-puissance de l'assentiment populaire* et le poids incalculable de cet *amour espagnol pour la stabilité qui s'attache à ses antiques institutions*. Ce gouvernement qui commence son œuvre par la fin comment pourrait-il se consolider ?

Voyons encore ce que dit M. Fonfrède sur la conduite du parti qui excite les sympathies du gouvernement français, et qui en est puissamment secondé et officiellement reconnu. « Si quelques » démocrates espagnols, copiant nos erreurs de » 1791, ont accolé la souveraineté du peuple à la » monarchie d'Isabelle, c'est une superfétation ve-» nue après coup ; » et plus loin, en parlant de ce qu'il trouve de mauvais dans les deux partis :

« **Voilà ce qui est bon de part et d'autre.**
» **Voici ce qui est mauvais des deux côtés.**

» **Du côté de la reine, c'est l'esprit de radica-**
» **lisme étroit des révolutionnaires de seconde**
» **main, copistes impuissans et froids de toutes les**
» **erreurs politiques de notre première révolution ;**
» **c'est une constitution moins mauvaise que celle**
» **de 1812 sans doute, mais encore assez inexécu-**
» **table pour entraver le mouvement gouverne-**
» **mental de la monarchie la plus libérale ; c'est**
» **le sentiment de crainte que toutes ces choses**
» **inspirent à la portion modérée et raisonnable**
» **du parti de don Carlos.** »

Un gouvernement qui marche de la sorte peut-
il jamais rallier un peuple que vous avez vous-
même si bien défini, et qui aime tant la puissance
de l'autorité royale et ses antiques institutions?

Oh! certainement, vous avouerez, Monsieur Fonfrède, vous homme d'esprit et qui venez d'arborer
avec tant de bon sens et de courage ce drapeau
d'impartialité vis-à-vis la question espagnole,
vous avouerez qu'il sera bien plus aisé au gouvernement de don Carlos d'arriver au résultat que
ses ennemis voudraient, dites-vous, obtenir, qu'à
ceux-ci, de conquérir les avantages moraux que
don Carlos possède. On est injuste d'ailleurs de
vouloir juger d'avance un roi qui combat pour ré-

gner et qui ne peut faire que la guerre ; de le juger pendant qu'il lui est encore impossible de se
montrer et d'agir comme roi. De quel droit pense-
t-on que Charles V, une fois sur le trône, ne
protégera pas *l'esprit de progrès, de travail, d'affranchissement et de raisonnement?* A-t-il jamais régné? Son courage, sa persévérance, cet
esprit d'ordre, d'économie, d'honnêteté et de jus-
tice que ses plus grands ennemis n'osent pas lui
contester, sont-ils par hasard des qualités incom-
patibles avec l'amour *du progrès, du travail,* etc.,
dont les révolutionnaires veulent s'approprier le
mérite exclusif?

Voyez donc comme votre alliance a été mal placée et vos secours mal distribués ; voyez combien
cette alliance a causé de mal au parti le plus juste
et le plus *national* en Espagne ! Soyez sûrs que
sans votre assistance, sans vos secours et sans
l'appui de l'Angleterre, notre guerre serait depuis long-temps terminée, et la transaction aurait
eu lieu de la seule manière qu'elle puisse s'effec-
tuer parmi nous. Vous nous affirmez :

« Que la puissance de don Carlos, susceptible
» de plus ou moins de succès partiels, est, à elle
» seule, incapable de s'établir solidement et de
» gouverner l'Espagne ;

» Que la puissance d'Isabelle, placée dans une

» situation analogue, en sens contraire, a tout ce
» qu'il faut en elle-même pour résister à l'agres-
» sion de don Carlos, sans avoir ce qu'il faudrait
» pour l'anéantir, et pour gouverner, à elle seule,
» toute l'étendue de l'Espagne et tous les intérêts
» espagnols. »

Quant à la puissance d'Isabelle qui a reçu les secours de la France, de l'Angleterre et du Portugal, elle doit être en effet convaincue de sa faiblesse ; mais il ne peut en être ainsi de la puissance de Charles V, qui n'a jamais pu agir avec toute la plénitude de ses moyens, et dont vous ne pouvez encore calculer et l'énergie et les ressources.

La question est donc bien loin de présenter des résultats aussi mathématiques que M. Fonfrède l'imagine. Il faudrait, pour qu'elle offrît la solution positive qu'il désire, qu'elle eût été observée avec plus d'impartialité, avec plus de bonne foi qu'on ne lui en a consacré jusqu'à ce jour.

L'Europe est fatiguée de notre lutte. Tout le monde voudrait que nous en finissions d'une manière quelconque, et qu'il fût possible de voir s'il y a, ou non, un parti qui soit plus fort que l'autre. On est impatient d'un dénoûment ! Eh ! grand Dieu ! laissez-nous donc arriver à ce dénoûment que nous souhaitons plus ardemment que vous ! Nous ne vous le ferons pas attendre. Mais, d'abord, promettez-nous de rester spectateurs impassibles de la lutte.

Vos amis ont eu le temps de s'emparer de tout, de s'organiser pendant la longue maladie de Ferdinand, et personne n'ignore à quel point un gouvernement organisé est fort, même lorsqu'il n'est pas populaire. Les révolutionnaires possèdent toutes les places fortes, toute l'artillerie, tous nos vaisseaux. L'Angleterre et la France leur ont fourni et leur fournissent toujours des secours immenses, relativement au peu dont nous pouvons disposer : la partie est bien inégale telle que vous nous l'avez préparée ; mais n'importe ; nous la prenons telle qu'elle est, et nous la jouerons cartes sur table. Faites avec les carlistes en France ce que vous faites avec les christinos ; ou bien, faites pour ceux-ci ce que vous faites pour les malheureux carlistes. Nous acceptons toutes les conditions, pourvu que vous nous laissiez égaux à l'avenir. Je vais vous dire ce qui adviendrait alors et comment on atteindrait la conclusion de ce drame sanglant qui vous fait tant d'horreur et qui vous est tellement à charge.

Vous verriez bien des gens qui obéissent aujourd'hui à un gouvernement organisé tant bien que

mal, et que vous avez promis de soutenir, se pro-
noncer pour une cause qu'ils aiment dans le fond
de leur cœur. Vous les verriez dégagés de la
crainte que leur inspirent les révolutionnaires,
s'éloigner, se séparer aussitôt de ces gens avec
lesquels la terreur peut seule aujourd'hui les
forcer à faire cause commune, à manger dans la
même gamelle. Soyez certains que la plupart de
ceux qui s'appellent modérés parmi les christinos
suivraient bientôt le parti de Charles **V**, s'ils
n'avaient dans l'idée que tôt ou tard la France
interviendra en faveur de la révolution, ou bien
s'ils ne craignaient d'être mal reçus de cette fatale tourbe de courtisans qui ont, il est vrai, bien
mal dirigé jusqu'ici notre roi, mais qui, retom-
bant dans la foule au moment du triomphe de la
cause légitime, disparaîtraient avec les circonstances malheureuses qui ont semblé les rendre né-
cessaires.

La révolution perdrait insensiblement le terrain qui la rend aujourd'hui plus forte. Le roi
pourrait, n'en ayant plus besoin, se débarrasser
de beaucoup de gens qui le discréditent, et vous
verriez un gouvernement appuyé sur *l'assentiment populaire transiger* avec les idées de *progrès*, de *travail*, d'*affranchissement* et de *raisonnement* que tout le monde désire.

On a tort de croire que Charles **V** aime le despotisme. M. Fonfrède dit encore en parlant de ce qu'il y a de mauvais dans les deux partis :

« Du côté de don Carlos, c'est l'esprit d'abso-
» lutisme, d'intolérance, de fanatisme qui égare
» les partisans réactionnaires de sa cause, gens
» qui croient qu'il est possible de détruire le pré-
» sent et de reconstruire le passé ; c'est le res-
» sentiment aveugle du pouvoir perdu, que les
» titulaires dépossédés voudraient reprendre in-
» tact et sans modification ; c'est la crainte que
» toutes ces passions avides et haineuses inspirent
» à la portion modérée et raisonnable des défen-
» seurs d'Isabelle. »

Ici M. Fonfrède est presque dans le vrai, et son seul tort est de trop généraliser ce reproche. Il y a, en effet, dans le quartier royal de Charles **V** un parti que nous appelons nous-même le *parti de la sacristie* ; il est l'emblème de tous ces vieux préjugés que vous avez énumérés dans le paragraphe dont je m'occupe. Ce parti a fait beaucoup de mal à la réputation du parti royaliste en général, parce qu'il a toujours eu la plus grande part d'influence dans toutes les hautes dispositions du gouvernement royal. Et comme celles-ci ont été très-mauvaises, le discrédit est tombé sur tous les royalistes et sur le roi lui-même. Ce parti, par son ignorance, a ffrayé un grand nombre d'hommes modérés qui ont conçu les plus grandes craintes sur l'avenir de notre monarchie, dans le cas où elle tomberait entre les mains de ces exagérés. Ce parti a même fatigué et fatigue les souverains du Nord, et il n'y a pas de doute qu'ainsi que les exaltés de Christine font du bien à notre cause, les nôtres en font à la cause de la révolution. Mais je soutiens que Charles V ne pouvait ni ne devait, au commencement de la guerre, se débarrasser de ces hommes, et j'en vais exposer les raisons, qui seront, je l'espère, appréciées de tout le monde.

LES MODÉRÉS DE CHRISTINE ET LES PREMIERS CARLISTES.

A la mort de Ferdinand, les hommes les plus intéressés en Espagne à empêcher la révolution, se mirent, par ignorance, à la protéger. Des grands d'Espagne et des généraux qui avaient gagné leurs grades en poursuivant les libéraux pendant la vie de Ferdinand, eurent la simplicité de croire qu'ils pourraient s'établir paisiblement à leur tête, les diriger, les modérer, et en faire leurs instrumens et leurs fidèles serviteurs. Ils craignirent que don Carlos ne fût exclusivement l'ami des moines et du clergé, et au lieu d'entourer son trône, d'attendre ses actes, surtout de combattre franchement le parti qu'ils redoutaient, et de montrer à leur roi légitime qu'ils avaient, à un plus haut degré, l'intelligence de la situation, ils abandonnèrent la cause vraiment monarchique. Ce sont eux qui ont perdu l'Espagne ; ce sont eux qui ont creusé l'abîme de ses maux, cet abîme au bord duquel nous gémissons et dont nous osons à peine sonder la profondeur. Le roi était absent à la mort de Ferdinand. Ceux qui, les premiers, arborèrent son drapeau, n'étaient que des hommes simples, des Espagnols comme ceux d'il y a cinq cents ans, remplis d'enthousiasme et de foi religieuse, ne pensant qu'à deux choses, la religion et le roi. Mais, ces hommes dont les bonnes intentions n'excusent pas les égaremens et les fautes, aiment les moines avec tous leurs préjugés. Ils détestent les innovations, et dans chacune de celles qu'on cherche à introduire, ils aperçoivent une attaque à la religion de leurs ancêtres. Les moines s'entendent très-bien avec eux et en font ce qu'ils veulent.

Tels ont été les premiers défenseurs de Charles V, et s'ils ne s'étaient pas déclarés sur-le-champ, si on avait donné plus de temps à la révolution pour s'organiser et pour s'enraciner dans le sol de la Péninsule, Dieu sait si plus tard tous les efforts des royalistes n'auraient pas été infructueux! Leurs chefs, plus ou moins fanatiques, moines ou prêtres ou ce qu'il vous plaira, s'élancèrent dans l'arène sans hésiter, arrachèrent les armes des mains des révolutionnaires et s'en armèrent les premiers pour combattre en faveur de leur légitime roi. Ils lui fournirent des hommes et de l'argent. Ils organisèrent ses hôpitaux, ses magasins, et remportèrent les premières victoires. Où se tenaient alors les modérés, les amis du progrès et de la civilisation? Fallait-il que Charles V renvoyât ceux qui étaient accourus au devant de lui pour aller demander une aumône de bienveillance aux autres? Le roi devait se servir de ses plus dévoués serviteurs, il devait les prendre avec tous leurs préjugés, les respecter et en bâtir ses premiers remparts. Or, le choix n'était pas difficile pour Charles V, entre ceux qui le dédaignaient, et ceux qui, par un mouvement spontané de dévoûment et de patriotisme, avaient volé si noblement à sa défense.

Maintenant, je ne dirai pas que, dans les premiers temps surtout, il n'y eût eu aucun moyen d'introduire, parmi les mesures gouvernementales du roi Charles, quelques dispositions qui eussent indiqué des idées de progrès pour l'avenir. Peut-être cette manière de voir ne s'appuie-t-elle que sur mes désirs, car il faut être juste avant tout et faire aussi la part de tous les obstacles. Au moment où la légitimité vivait dans les montagnes, combattait au milieu de mille privations, endurait mille persécutions, elle n'aurait peut-être pas eu tort de craindre que des mesures tempérées ne fussent regardées par ses ennemis comme des marques de peur et d'impuissance, et ne produisissent un effet tout contraire à celui qu'elle en devait attendre.

Voici, du reste, sur ce sujet, mon opinion la plus ferme et la plus arrêtée. La conduite du roi Charles jusqu'à l'époque des événemens de Saint-Ildefonse, en 1836, ne pouvait être que celle que lui tracèrent jusqu'alors les circonstances dont j'ai parlé ; mais lorsque la révolution brisa ses digues, et lorsque tant d'hommes modérés l'abandonnèrent, la marche politique du roi aurait dû changer ; elle aurait dû laisser entrevoir le désir d'accommodement pour tous les partis. C'est alors qu'un moment de transaction se présenta et que Charles aurait pu en profiter ; cette occasion fut perdue, et *je puis assurer* que beaucoup de partisans de Christine la crurent arrivée, et l'auraient saisie avec transport. Charles V eut alors dans ses mains les clefs du temple espagnol de la Concorde. Bien peu d'Espagnols ne s'y seraient pas précipités s'il en avait ouvert les portes ; Sa Majesté fut bien mal conseillée dans cette occasion, et depuis lors, elle n'a malheureusement pas cessé d'être entourée de funestes conseils. Les modérés du parti de Christine perdirent tout espoir à l'époque où le sergent Garcia proclama la constitution de 1812 à Saint-Ildefonse ; ils se seraient empressés de se réunir au roi, si ce prince leur eût seulement tendu une main paternelle ; mais on s'obstina dans le quartier royal à suivre la politique entêtée que prêchent encore aujourd'hui le frère Homingue, le père Larraga, le chirurgien Gelos et quelques autres, et les hommes prudens ne voulurent point se livrer à l'inflexible intolérance de la faction qui dominait le roi.

Je dirai même que les hommes sages qui, à cette époque, faisaient partie du gouvernement royaliste et qui témoignèrent le désir d'ouvrir un accès à la fusion et au repentir, furent destitués, et quelques-uns envoyés à l'étranger. Le parti modéré de Christine comprit alors qu'il fallait se défendre contre les deux partis exagérés et furibonds. Il pensa à s'organiser, à se renforcer ; il prit une position et il la défend avec énergie. Sa vie politique ne sera pas longue, il est vrai ; elle ne peut l'être, car elle est toute artificielle ; mais ils n'auront que trop prolongé la lutte. Ou la persévérance du parti populaire, ou un effort de la révolution, si par malheur de véritables révolutionnaires viennent à paraître sur la scène, renverseront leur poétique édifice. Mais en attendant, ils auront fait bien du mal au parti carliste, et tout cela par l'ignorance et le manque d'habileté de cette coterie fanatique, aujourd'hui véritable fléau de la cause royale.

⸺⸺◦❦◦⸺⸺

L'ARMÉE CARLISTE.

Cette fausse direction, bien connue, bien appréciée des serviteurs les plus dévoués et les plus éclairés du monarque rend encore plus admirable le tableau que présente notre armée. Cette armée carliste est vraiment surprenante à voir dans le siècle où nous vivons. Elle se compose toute de volontaires, et de volontaires qui n'ignorent pas qu'en s'engageant ils se lancent dans une carrière de dangers et de privations dont on ne prévoit pas la fin. Tous, généraux, officiers, employés de tous les grades, ont joué le tout pour le tout, en allant rejoindre le drapeau national et légitime. Ils savaient qu'ils ne seraient pas toujours payés, qu'ils vivraient des rations qu'on leur distribuerait quand il s'en trouverait. Presqu'aucun ne porte les insignes de son grade. On les distingue par le poste qu'ils occupent en se formant devant l'ennemi ; leurs soldats les connaissent, car ils leur ont vu gagner tous les grades à force de combats. Aussi, chacun est-il bien ce qu'il est, même sans l'habit et sans les marques significatives de son rang. Le capitaine est un bon capitaine, le colonel est un bon colonel ; personne n'oserait en douter. Ils bivouaquent souvent, et, même dans les villes, ils ne se déshabillent jamais pendant la nuit. L'enthousiasme et la persévérance sont peints sur les physionomies de ces héroïques volontaires. On croirait à leur aspect retrouver ces Espagnols des temps de Pélage et du Cid, avec les qualités brillantes qui les rendaient si célèbres. Mais, pénétrez dans le camp et dans les villes de Christine, comme tout y est bien différent ! Vous y voyez une espèce d'orgie permanente qui dégoûte les âmes élevées ; vous ne savez où vous êtes au milieu de ces soldats mal vêtus à la française et mal armés à l'anglaise qui insultent et maltraitent leurs chefs, et qui souvent les assassinent. Un silence religieux règne au camp royal, en impose et attendrit à la fois. On se bat le matin, on prie Dieu le soir ; on se repose par hasard, mais toujours bien peu dans les intervalles. Aussi, quel courage ces hommes de fer ne déploient-ils pas devant l'ennemi ! S'ils avaient de bons canons, de bons fusils et des chevaux, quels prodiges n'accompliraient-ils pas ! Souvent, dans un bataillon, le tiers seulement des fusils est à peine médiocre, et pourtant toutes les fois que la cavalerie et la nombreuse artillerie de l'armée n'ont pas été là pour écraser nos volontaires avec la force matérielle des chevaux et des canons, nos volontaires ont été vainqueurs, même bien inférieurs en nombre à l'ennemi. Non, j'en suis convaincu, il n'est pas un être bien organisé, quelle que soit son opinion politique, pas un être qui ait quelque chose de distingué dans le cœur, qui, en voyant de près ce qui se passe dans l'armée carliste, n'en devienne aussitôt l'admirateur le plus enthousiaste. Oh ! oui, l'héroïsme est là, l'héroïsme espagnol est tout aujourd'hui parmi ces volontaires de toutes les provinces de l'Espagne, qui souffrent, qui jeûnent et qui ne désespèrent jamais !

Et leur cause n'est pas bien noble !.... Ils combattent pour ce qu'ils aiment : pour leur religion, parce qu'ils sont religieux ; pour leur roi, parce qu'ils sont royalistes ; pour leurs libertés municipale et provinciales, parce qu'ils y sont accoutumés , parce qu'ils les chérissent , parce qu'ils les comprennent mieux que celles des constitutions à la française ou à l'anglaise. Ils ne veulent rien des révolutionnaires, parce que des hommes qui conservent les qualités distinctives que je viens d'énumérer, et que tout le monde leur accorde, ne consentiront jamais à rien recevoir des mains souillées de ces factions impies, cruelles et désorganisatrices, qui insultent et méconnaissent le roi, qui assassinent les ministres de la religion, qui pillent les églises et qui, en invoquant la liberté, exercent le despotisme le plus atroce sur la malheureuse Espagne !

LES EXALTÉS DE CHRISTINE.

On a pu remarquer une incroyable pénurie d'hommes capables dans les différens partis qui se sont créés en Espagne par suite de la révolution , et c'est là une des causes de la prolongation de notre guerre civile. Soit d'une manière , soit d'une autre , tous les partis ont eu des vicissitudes favorables pendant lesquelles ils auraient pu détruire leurs ennemis, vaincre tout-à-fait et gouverner en maîtres. J'ai déjà donné une idée des vues étroites de ceux qui dirigent le parti royaliste et de leurs fautes capitales. Un jour, j'en dirai davantage ; je citerai des faits que très-peu de personnes connaissent, et on sera forcé de déplorer le malheureux sort d'une cause aussi belle, du courage et de la persévérance des hommes qui la défendent. Maintenant, je vais m'occuper rapidement des libéraux exaltés que je désire peindre tels qu'ils sont, sans charger mon tableau de teintes rembrunies et de couleurs exagérées.

Les modérés qui se révoltèrent contre le roi légitime, et qui, n'ayant d'autre appui que celui des révolutionnaires, firent cause commune avec eux à la mort du roi Ferdinand VII, se virent bientôt mis à la porte par les coryphées du libéralisme exalté. Ces libéraux de nouvelle façon forment la race la plus ridicule et la plus incompréhensible du monde. Ils ne sont qu'une poignée d'énergumènes, tous possédés d'une espèce de monomanie constitutionnelle qui les empêche de regarder autour d'eux, de raisonner et même de connaître leur pays. Il leur faut une constitution dans le genre de celle de Cadix, si ce n'est cette constitution elle-même qu'ils portent toujours sur le cœur et qu'ils regardent comme inimitable. A les entendre, tous les Espagnols la veulent ; le parti carliste, le parti absolutiste, le parti modéré, ne sont rien, ne valent rien, ni ne signifient rien. Seuls, ils sont bons, seuls, ils peuvent faire le bonheur d'un pays qu'ils ont toujours bouleversé, qu'ils ont rendu malheureux, peut-être pour jamais ! Cependant, ils eurent une période à eux où on les laissa agir en Espagne, et s'ils n'avaient pas été ce qu'ils sont, ils auraient fait la révolution. Il n'y avait qu'eux qui pussent l'accomplir, mais pourtant à une condition expresse et qu'ils n'étaient pas capables de remplir, celle d'avoir de l'esprit, de la générosité, du courage, enfin d'être mus par ces passions, désastreuses souvent, mais grandes quelquefois, qui font les véritables révolutionnaires.

Les exaltés n'eurent pas beaucoup de peine à renverser les premiers modérés de Christine qu'ils dominaient déjà depuis long-temps. Mais ils s'imaginèrent qu'ils n'avaient besoin de s'appuyer sur personne en Espagne, et ils commencèrent à frapper d'un orgueilleux dédain tous ceux qui n'avaient pas vécu, qui n'avaient pas agi comme eux. Il fallait avoir été non seulement émigré, mais de ces émigrés qui végétaient à Londres ou en Belgique, sans pouvoir pénétrer ni en France, ni ailleurs avant la révolution de 1830. Le comte de Toreno, par exemple, M. Martinez de la Rosa et d'autres personnages qui possédaient quelques moyens d'existence et qui avaient habité

Paris pendant les années d'émigration, étaient traités d'hommes serviles et sans caractère. Ceux qui avaient eu quelque chose de plus que les subsides du gouvernement ou de la nation anglaise, et qui ne s'étaient pas vus réduits, pour unique ressource, à manger des pommes de terre, furent aussi en butte à des sentimens de répulsion assez peu déguisés, et ne purent obtenir de jouer, parmi les exaltés, un rôle de quelque importance. Et qu'on n'aille pas supposer que ces réfugiés, qui n'avaient pour vivre en Angleterre que les subsides votés en leur faveur, fussent de grands personnages privés de leurs biens par des lois de confiscation. Jamais, en Espagne, leurs rentes n'avaient égalé celles qu'on leur donnait pour subsister en Angleterre; leur patrimoine se composait tout au plus d'appointemens bien ou mal payés, et les ressources dont ils auraient joui dans leur patrie, ils pouvaient tout aussi bien les conserver à l'étranger, car le gouvernement de Ferdinand ne confisqua rien à personne, et bien moins à des gens qui ne possédaient rien.

Les exaltés débutèrent donc par un système d'exclusion et d'ostracisme dont ils lancèrent indistinctement les décrets dans toutes les directions. Au lieu de se faire des amis, au lieu d'intéresser des hommes qui leur eussent été utiles, au lieu de montrer au pays qu'ils voulaient opérer une révolution au profit de tous, ils laissèrent bientôt connaître qu'ils étaient de pauvres gens, qu'ils désiraient d'abord s'emparer d'un morceau de pain, puis s'en assurer un autre pour mieux passer au besoin une seconde ou une troisième émigration. Ils voulurent faire de la terreur ; ils assassinèrent quelques malheureux moines restés dans les couvens, dont les principaux avaient fui, et lorsqu'en matière d'idées nouvelles et de progrès révolutionnaires ils ne trouvèrent rien de mieux que de rétablir, par une émeute soulevée dans la résidence royale d'une femme isolée, la fameuse constitution de 1812, ils donnèrent le dernier échantillon de leur ignorance et de leur barbarie. Ils furent jugés alors par tout le monde et pour toujours. Les Espagnols abusés qui s'étaient unis à eux de bonne foi les quittèrent. Une nouvelle phalange de libéraux, composée de ceux qui s'étaient séparés des exaltés, composée des modérés de la première époque, des personnes jusqu'alors passives, enfin des carlistes rebutés par la politique absurde et exagérée des meneurs du carlisme à cette époque, donna naissance à ce nouveau parti que j'ai déjà plusieurs fois indiqué, et dont je vais parler maintenant avec quelques détails.

LES MODÉRÉS D'AUJOURD'HUI ET LEUR SITUATION POLITIQUE.

Les hommes du parti modéré virent qu'ils ne pouvaient compter ni sur les prétendus révolutionnaires déjà discrédités, ni sur les carlistes qui les repoussaient. Ils n'avaient d'ailleurs aucun moyen d'influence pour entraîner le peuple, car le peuple, en Espagne, on ne peut l'entraîner qu'en lui parlant de son Dieu et de son roi, et ce drapeau, environné d'un irrésistible prestige, se trouve exclusivement entre les mains des carlistes. Ils ne pouvaient non plus attirer leurs véritables rivaux, les exaltés, puisqu'ils voulaient les renverser et les dominer en conquérans. Ils pensèrent donc à s'organiser et à former autour d'eux un cercle de prosélites. Ils fondèrent une société secrète, sous la dénomination de *Société de Jovellanos*, s'efforcèrent d'en étendre les ramifications dans tout le pays et surtout dans l'armée christine. Ce plan réussit à merveille, et tous les généraux qui figurent aujourd'hui dans les armées de la reine, à commencer par le fameux Espartero, s'affilièrent à cette société. La reine Christine fut enchantée de ce projet et de ses premiers résultats. Elle voulait être débarrassée des exaltés qui la maltraitaient presque chaque jour, et dont elle avait surtout en horreur les ministres et les premiers personnages, depuis les événemens de Saint-Ildefonse au mois d'août 1836.

Les modérés eurent donc bientôt l'adhésion et les sympathies de la reine gouvernante et de l'armée ; Christine et Espartero étaient de fort bons appuis. Un ministère de transition fut d'abord nommé. Ce fut le ministère de Bardaxi et de M. Pita Pizarro, arrangé entre la reine et le chef de l'armée, le 15 août.

Le parti modéré avait des agens à Paris, chargés de persuader au gouvernement français qu'ils étaient les véritables libéraux, les seuls hommes d'esprit et les seuls capables de gouverner l'Espagne. On les crut, et on crut la chose la plus absurde et la plus impossible en politique, surtout dans l'état où se trouvait la Péninsule. Vouloir que des hommes qui admettent pour gouverner le résultat des crimes des exaltés, sans avoir même leur énergie ; des hommes qui prêtent serment à la constitution, et qui n'ont pas le courage d'abattre et de détruire les choses qui excitent l'aversion des masses royalistes ; des hommes qui, d'un côté, combattent les carlistes, forts de l'assentiment populaire, et qui déclarent la guerre, d'un autre côté, aux révolutionnaires dont les opinions ne manquent pas de quelques prestiges ; des hommes qui veulent gouverner despotiquement et étouffer même parmi les libéraux jusqu'à la moindre étincelle de la liberté qu'ils désirent ; vouloir, dis-je, que ces hommes puissent gouverner l'Espagne et calmer les esprits, c'est le comble de l'imprévoyance et de la déraison. Sur qui donc comptent-ils ces hommes, et sur quoi? Eh bien ! on les crut et on s'empressa de les aider à arriver au pouvoir.

Le ministère de transition ne fut pas difficile à renverser. Le comte de Toreno, de retour de Paris, fut chargé de donner le signal. D'accord avec Christine et avec le général Espartero, les prétendus modérés entrèrent au ministère, au grand étonnement des constitutionnels et des royalistes. Profitant de la situation dans laquelle était plongée la malheureuse Espagne et secondés par les chefs de l'armée, les nouveaux ministres ne s'occupèrent qu'à gouverner avec la force brutale, et, pour y parvenir, ils flattèrent et séduisirent les soldats par tous les moyens imaginables. Des états de siége, des persécutions, des déportations contre les libéraux, tout leur paraissait licite, et en même temps ils ne négligeaient pas l'application des mêmes doctrines contre l'autre parti. En un mot, ils établirent un soi-disant gouvernement constitutionnel, conduit par des janissaires aux ordres ds plusieurs agas. Dans l'ivresse de leur succès, ils s'imaginèrent sans doute qu'ils possédaient un talisman, et que leurs adversaires révolutionnaires et carlistes viendraient tout aussitôt les remercier et faire amende honorable entre leurs mains, pour en recevoir désormais et en subir humblement la loi.

Leur gouvernement despotique a donc eu pour résultat d'écraser la révolution, et de discréditer encore plus qu'elles ne l'étaient les idées libérales en Espagne ; de semer la méfiance et l'effroi parmi les libéraux ; de prouver aux populations que ces prétendus modérés, dans la position équivoque et fausse qu'ils ont prise, font tout autant de mal que les autres, et sont moins capables de produire le bien, de convaincre toutes les opinions, qu'ils ne sont propres qu'à prolonger nos malheurs, et que, dépourvus de toute popularité et livrés à eux-mêmes, ils ne seront jamais autre chose que les bourreaux des Espagnols de toutes les opinions. Ils attendent tout de l'armée; mais si l'armée ne triomphe pas, ils tomberont et seront écrasés par les deux partis. Un triste avenir est devant eux, et, pour s'y soustraire, une seule voie leur est ouverte : c'est celle d'un rapprochement avec le parti national, avec le parti carliste, qui sanctionnera et fortifiera, par l'adjonction des élémens de stabilité qu'il renferme dans son propre sein, leur amour d'un ordre régulier et leur crainte de l'anarchie révolutionnaire.

LES CARLISTES D'AUJOURD'HUI.

Le parti carliste se trouve composé de deux fractions : l'une, qui comprend les absolutistes intolérans et tout ce qu'il y a en Espagne de plus fanatique en matière de politique et de religion ; l'autre est le parti jeune, parti modéré et tolérant, mais carliste par conviction, et ennemi des déceptions et des mensonges du libéralisme. L'attachement à la légitimité est aussi fort chez les uns que chez les autres ; les uns, aussi bien que les autres, partagent également la haine qu'inspirent les révolutionnaires. Mais, ils diffèrent par la manière de juger notre cause et d'apprécier les moyens de terminer la guerre civile. Les fanatiques croient qu'il ne faut tenir aucun compte des secousses de l'opinion libérale, des causes qui la produisent, des traces qu'elle imprime partout où elle passe, et principalement partout où elle s'arrête et se reproduit souvent, comme en Espagne. Les exaltés carlistes pensent comme on pensait il y a deux cents ans, sans que tous les faits accom-

plis depuis lors aient opéré la plus simple modification dans leurs idées. Le roi ne devrait être,
d'après leur avis, que le chef de leur coterie, et
ils voudraient faire pendre ou fusiller tous les
Espagnols qui ne pensent pas comme eux. Ainsi,
du moment où ils jugent que quelqu'un n'est pas
des leurs, ils l'anathématisent, ils le poursuivent,
et l'appellent indistinctement juif, hérétique,
franc-maçon, révolutionnaire, dénominations dont
les uns ne connaissent pas le vrai sens, dont plusieurs autres affectent de ne pas le comprendre,
pour se donner l'air d'exaltation qu'exige le fana-
isme des hommes auxquels ils se sont accolés.
Cette coterie, comme je l'ai déjà dit, a rendu de
grands services au roi, mais lui a fait aussi beaucoup de mal. Le parti libéral a jugé Charles V
d'après ce funeste entourage, et il s'est cru dans
la nécessité de jouer le tout pour le tout ; c'est-
à-dire, de résister en faisant une révolution mal
ou bien combinée, afin de ne pas tomber dans les
bûchers de l'inquisition.

La fraction modérée du parti carliste est composée de royalistes éclairés, amis de la monarchie,
religieux, mais non point fanatiques. Ils auraient
souhaité que l'on conseillât au roi une politique
plus large et moins alarmante pour les libéraux
de la Péninsule, dont quelques-uns le sont de

bonne foi et veulent le bonheur de l'Espagne. Ils voudraient encore que des actes solennels de la part du gouvernement du roi témoignassent l'intention d'ouvrir un avenir nouveau à leur patrie, un avenir de réconciliation et de concorde, qui fît du nom de Charles V une espèce d'arc-en-ciel politique pour tous les partis.

Les premiers hommes qui descendirent dans l'arène pour défendre les droits légitimes du roi appartenaient, il est vrai, à la première fraction, et voilà ce qui leur a conservé l'influence qui a dirigé la politique du quartier royal et qui la dirige encore. En disant les premiers hommes, je ne parle pas des militaires, car Zumalacarregui, Villareal et plusieurs autres n'étaient ni des ignorans ni des fanatiques ; mais les membres des juntes des provinces basques et de la Navarre, les anciens employés au service immédiat de la personne du roi pendant la vie de son frère Ferdinand, et quelques moines passionnés, formèrent au roi un entourage dont S. M. n'a jamais pu se débarrasser. Les généraux, ainsi que le reste de l'armée ne s'occupant que de guerre, ont pris peu de part aux intrigues de la cour, et ce n'est qu'à la fin, c'est-à-dire depuis peu de temps, qu'ils ont commencé à s'apercevoir que leur dévouement et leurs sacrifices ne servaient qu'à tourner dans un cercle vicieux, grâce au peu de fruit qu'on en tirait et à la mauvaise direction imprimée aux affaires par l'ignorance de la coterie dominante. Il y a aussi des généraux qui appartiennent à ce dernier parti, mais bien inutiles et bien au-dessous de leur tâche. Ce sont eux qui ont perdu toutes les affaires malheureuses à nos armées, et qui ont remplacé depuis quelque temps nos meilleurs généraux et nos meilleurs chefs. D'autres enfin sont restés tout-à-fait en dehors de ces fractions politiques, et se sont bornés à remplir leur devoir comme militaires.

On a tenté plusieurs fois de décider le roi à donner un manifeste dans lequel il fût question de la marche politique que S. M. se propose de suivre à l'avenir, soit pour améliorer le sort des Espagnols en général, soit pour terminer les dissensions politiques qui nous déchireront aussi long-temps qu'on n'adoptera pas, pour les prévenir, des mesures sensées et prévoyantes. Les carlistes modérés n'ont pu rien obtenir, et ce n'est pas que le roi Charles V ne fût pas parfaitement d'accord avec leur manière de voir, ou ne comprît pas que cette politique est la seule qui puisse consolider son règne et le rendre durable, mais c'est parce que les exaltés prétendent que cette manifestation serait prise pour un acte de faiblesse, et aboutirait à des résultats tout opposés au but que les modérés veulent atteindre ; erreur funeste qui fait couler des flots de sang qu'on aurait pu épargner et dont Dieu demandera compte un jour ! Erreur funeste qui présente S. M. Charles V aux yeux de beaucoup de personnes non pas comme un prince humain et doux par caractère, non pas comme un roi, père de tout le peuple, que la Providence voudrait mettre sous sa royale tutelle, mais comme un homme orgueilleux, vaindicatif et sanguinaire, qui ne veut être que le chef d'un parti et le fléau des autres.

La plupart des hommes qui se sont déclarés pour le parti de la royauté, surtout depuis les dernières années, c'est en haine des prétendus libéraux espagnols ; c'est par attachement aux droits légitimes d'un roi persécuté et vertueux ; c'est parce qu'ils sont convaincus de l'impossibilité où se trouvent les protecteurs de l'usurpation de fonder un gouvernement capable de rendre la paix et de faire le bonheur de l'Espagne ; c'est parce qu'ils professent des principes religieux, et qu'ils ne peuvent s'empêcher d'être les ennemis des assassins des ministres de l'autel et des brigands sacriléges qui d'une main avide profanent les sanctuaires. Mais qu'on n'aille pas supposer que la grande majorité des royalistes soit formée d'énergumènes sans civilisation, qui désirent imposer à leurs concitoyens un despotisme inquisitorial aussi impossible à établir dans l'Espagne d'aujourd'hui que les constitutions à l'anglaise ou à la française que les christinos voudraient y acclimater. Le parti royaliste renferme un grand nombre d'hommes éclairés qui comprennent, bien mieux que tous ces fameux apôtres du libéralisme, ce qui convient à l'Espagne pour être libre et tranquille sous le règne des lois, et sous la protection d'une autorité puissante et juste en même temps. Et si leurs idées ne prédominent pas aujourd'hui, c'est parce que la guerre s'y oppose. Les passions sont trop effervescentes; les hommes modérés souffrent et se taisent; le roi lui-même souffre aussi !... Je ne sais si je me trompe, mais il me semble que ce parti est dans le vrai. Tout ce qu'il y a de remarquable dans les rangs carlistes lui est dévoué et suit sa bannière. Généraux et chefs distingués, anciens magistrats, évêques et hauts dignitaires de l'église, noblesse et bourgeoisie, qui se trouvent ou qui ne se trouvent pas parmi les défenseurs armés de Charles V, riches particuliers, anciens diplomates et hommes d'état, qui, soit en Espagne, soit à l'étranger, font des vœux pour le triomphe de la légitimité, tous, ou du moins presque tous, sont pénétrés de cette sage modération. Aujourd'hui surtout, cette opinion n'est plus un mystère, et le jour où la position du roi deviendra quelque peu meilleure, elle pourra se montrer, prendre sa place et régner, parce qu'elle est l'opinion du roi, l'opinion de la majorité éclairée et véritablement nationale et royaliste.

En présentant aux yeux de mes lecteurs les différens tableaux des partis qui divisent l'Espapagne, je n'écris pas leur histoire : elle serait trop longue et exigerait des plumes plus habiles que la mienne. D'ailleurs, il me faudrait découvrir des secrets qui ne doivent pas être divulgués dans l'état où nous sommes, nommer des personnes que je pourrais compromettre. Je suis donc forcé de m'arrêter ici, et d'attendre que les circonstances me laissent libre d'entrer dans de plus amples détails.

Je reviens donc aux articles de M. Fonfrède.

L'écrivain bordelais prouve très-bien, en décrivant et en énumérant les principes de force des deux partis, les droits qu'ils invoquent, les raisons qu'ils allèguent, enfin les élémens qui manquent en particulier à chacun, que jusqu'à présent les interventionistes se sont toujours trompés, puisqu'ils ont pris pour la *cause* des troubles de la Péninsule ce qui n'en était que l'effet.

« Ainsi, dit-il, du côté des constitutionnels, » on voyait, dans la guerre suscitée par don Car- » los, la cause qui ôtait à la monarchie d'Isabelle » les moyens gouvernementaux qui lui sont né- » cessaires pour s'établir, et c'est précisément » le contraire. Ce sont les élémens gouverne- » mentaux qui manquaient à la monarchie d'Isa- » belle, qui donnent à don Carlos les moyens de » lui faire la guerre.

» De même, du côté des absolutistes, on voyait » dans les prétentions d'Isabelle la cause qui em- » pêchait la monarchie de don Carlos en Espa- » gne, et c'est le contraire. Ce sont, en effet, les » élémens gouvernementaux qui manquent à don » Carlos et qui ont antipathie pour son pouvoir, » qui donnent aux partisans d'Isabelle les moyens » de guerroyer contre don Carlos. »

M. Fonfrède conclut de là qu'une intervention aurait bien pu faire disparaître les effets apparens, mais qu'elle ne pouvait rien changer aux causes qui les produisent. Je soutiens à mon tour, par tous les mêmes argumens que M. Fonfrède a si bien développés (et ici je ne réponds plus à ses deux articles, car il n'y est pas question du traité de la quadruple alliance), je soutiens : 1° que ce malencontreux traité, véritable intervention dans les affaires d'Espagne, a été la conception la plus funeste, la plus injuste et la plus absurde qu'on pût imaginer en politique ; que pour le prouver, il suffit de copier tout ce que M. Fonfrède dit dans ses deux articles, et de s'en servir, non pas pour faire l'éloge de la politique qui a refusé la dernière intervention en faveur de Christine, mais pour démontrer l'inopportunité et l'injustice d'une convention diplomatique , qui est elle-même une intervention ; le ministère français n'aurait certainement rien à répondre ; 2° que la *transaction* est impossible aujourd'hui, parce qu'en conservant la position toute irrégulière où les étrangers ont mis les partis en Espagne, il est impossible que l'unité gouvernementale s'y rétablisse jamais ; parce que *ce travail intérieur*, cette *transformation sociale née des faits et de la nature des mœurs* ne s'accompliront pas, aussi long-temps que l'on continuera d'en fausser les voies ; que par la même raison, les deux élémens gouvernementaux ne réussiront jamais à s'épurer de leurs excès ni à se réunir, et que jamais l'un des deux ne parviendra à anéantir l'autre sur le sol de l'Espagne : comment voulez-vous, en effet, que le parti christino succombe, si la France et l'Angleterre viennent à son secours et le relèvent quand il pourrait être vaincu ; comment voulez-vous que le parti royaliste périsse lorsqu'il se trouve fort de l'assentiment populaire, en un mot, lorsqu'il est le parti national ? 3° que les christinos ont et auront toujours raison de demander au gouvernement français une intervention plus efficace, et que ce gouvernement ne peut loyalement la refuser qu'en déchirant au préalable le traité de la quadruple alliance ; que le refus très-savamment compris par S. M. le roi des Français a été applaudi par les hommes sages de tous les partis, parce qu'on approuve toujours la conduite d'un homme qui ne hasarde pas un second faux pas avec les yeux ouverts, sous prétexte qu'il en a fait un premier lorsqu'il avait les yeux fermés ; enfin, parce qu'on a cru voir dans cette prudente conduite l'annonce de la seule marche juste et profitable à tenir désormais, soit pour l'Espagne, soit pour la France, soit pour la tranquillité de toute l'Europe. Neutralité, neutralité complète, et nous arriverons naturellement à cette transaction qui est si conforme aux règles de la politique sociale ; sans neutralité, nous n'y arriverons jamais. Avec la neutralité, les éloges donnés par M. Fonfrède au système de S. M. le roi des Français, relativement à notre guerre civile, seront tous à l'abri de toute contestation. Sans neu-

tralité, lorsque M. Fonfrède expose de si forts rai-
sonnemens à l'appui de la non intervention, il ne
fait que nous donner des armes pour nous plaindre de l'intervention que la France s'est arrogé
injustement le droit d'exercer dans nos affaires
intérieures ; intervention qui est la cause de la
prolongation de notre lutte sanglante et dénatu-
rée ; intervention qui est la cause de ce que jamais ni M. Fonfrède ni personne ne verront ce
beau résultat de la *transformation sociale née des
faits et de la nature des mœurs*, ni cette *épura-
tion des excès des deux élémens gouvernementaux qui luttent sur le sol de la Péninsule !*

Le gouvernement français, me dira-t-on,
n'est pas indifférent au résultat de la guerre civile ; il ne voudrait pas que Charles **V** triomphât,
et que les partisans de la révolution fussent entièrement anéantis.

En signant le traité de la quadruple alliance,
dira-t-on encore, le gouvernement du roi des
Français a voulu se réserver la possibilité de donner au parti qu'il préfère des secours suffisans pour
suppléer à ce qui lui manque de forces, et pour
le mettre en état de triompher de ses adversaires.
Mais alors, qu'est-ce donc autre chose que vouloir le triomphe de la révolution, l'anéantissement
de la *légitimité* de Charles **V**, la destruction du

parti qui a *l'assentiment populaire?* Qu'est-ce autre chose que vouloir empêcher la transaction et le résultat naturel du conflit des élémens gouvernementaux, d'arriver jamais au point que M. Fonfrède désire et que son roi désire également, si nous devons nous en rapporter aux paroles de ce publiciste? Du reste, l'expérience a bien assez prouvé qu'avec la demi-intervention on n'obtient même pas ce qu'on cherchait dans l'intérêt de la révolution : aussi, cette dernière a-t-elle déjà demandé, demande-t-elle encore, et ne cessera-t-elle pas de demander qu'on la soutienne et qu'on la renforce; elle ira, n'en doutez pas, jusqu'à prétendre que la France la prenne tout-à-fait sous sa protection et sous sa tutelle, car elle est sincèrement convaincue de son impuissance.

Si le gouvernement français veut le triomphe de Christine, qu'il agisse dans ce sens avec franchise et comme il convient au gouvernement d'une grande nation ; tout autre système est honteux et barbare, car il est la cause du carnage quotidien qui se perpétue parmi nous.

Si on veut un résultat naturel, qu'il n'y ait ni intervention ni demi-intervention pour lui porter obstacle ; si on veut hâter le dénoûment, et établir immédiatement en Espagne un gouvernement de transaction, un gouvernement dans lequel ni car- listes ni christinos ne puissent dire à leurs en- nemis : « Nous vous avons vaincus! » alors, intervenez résolument et noblement, commencez par occuper la Péninsule, et vous verrez ensuite ce que vous aurez à faire.

Croyez-moi, Monsieur Fonfrède, la guerre ne finira en Espagne que par l'un de ces trois moyens. Vous verriez les christinos s'emparer de Morella et de Cantavieja en Aragon, de Berga en Catalogne, et d'Estella en Navarre, et vous ne verriez pas pour cela le parti *anti-révolutionnaire* cesser de com- battre en faveur de Charles V et de gagner tous les jours de nouveaux prosélites. Le roi entrerait dans Madrid, et si la France et l'Angleterre con- tinuaient à favoriser comme à présent les partisans de Christine, ceux-ci se fortifieraient dans les provinces maritimes et ne succomberaient pas da- vantage.

Pour qui connaît le caractère espagnol, il est évident que le parti royaliste, que le parti du peu- ple ne périra pas. Il suffit qu'il soit le plus mal- heureux et le plus opprimé par la France et par l'Angleterre pour qu'il soit immortel, et pour qu'il attire à lui tôt ou tard tout ce qu'il y aura en Espagne d'hommes religieux et d'âmes fières et élevées. Les carlistes n'auraient-ils aucune place forte en leur pouvoir qu'ils diraient : *Que im-porta ?* Rappelez-vous que Bonaparte nous les prit toutes, et que nous descendions rarement dans les plaines sans être battus en bataille rangée ; et qu'est-ce que cela fit ? rien ! Les troupes françaises avaient plus d'Espagnols à combattre en 1814 qu'en 1808, et si elles étaient restées plus long-temps dans la Péninsule, le nombre de leurs ennemis se serait accru aussi rapidement chaque année.

Puisque j'ai touché le chapitre de l'intérêt que le gouvernement de S. M. le roi des Français porte à la cause des révolutionnaires espagnols, je ne puis laisser échapper l'occasion de dire quelques mots à ce sujet. Il est vrai que je me trouverai forcé de porter un jugement sur la haute politique de ce gouvernement, contre mon habitude invariable de ne jamais me mêler des affaires politiques des autres pays ; mais comme ce que je vais dire a beaucoup de rapport avec l'intérêt de la cause que je défends, je pense que pour cette fois une pareille digression m'est permise.

Je voudrais savoir quelle conception politique a produit ces fatales sympathies du gouvernement du roi des Français pour la révolution espagnole. Si on avait étudié quelque peu l'Espagne, on saurait qu'il n'y a dans ce pays qu'une révolution

possible : la révolution lente et progressive que
l'autorité royale, secondée de tout son prestige,
essaiera d'opérer avec ménagement et prudence
dans notre administration. On saurait combien
les révolutionnaires espagnols sont peu propres à
diriger ou à comprendre une révolution. On se sou-
viendrait de la précieuse considération qui entou-
rait à l'étranger un gouvernement comme celui de
Ferdinand VII, accoutumé à payer religieusement
les emprunts qu'il avait librement contractés, et à
offrir à ses voisins des garanties positives et in-
contestables. On saurait enfin que si la dynastie
qui règne maintenant en France peut être attaquée
aujourd'hui ou plus tard par quelque parti, ce
ne sera pas certainement sous le règne d'un prince
du caractère de Charles V que ce parti trouvera
en Espagne encouragement, appui, ou simplement
tolérance. Je dirai même que les ennemis de la
dynastie de Louis-Philippe seraient bien plus facilement accueillis sous le règne de la révolution
espagnole ; et si je dévoilais, à cet égard, tout ce
que j'ai su, et vu, et entendu, je réussirais bientôt
à entraîner les convictions et à démontrer d'une
manière irrécusable la réalité de ma thèse. Quoi
qu'il en soit, personne ne peut ignorer, en France
comme ailleurs, que l'existence de la monarchie
de Juillet n'a pas d'adversaires plus acharnés et

plus entreprenans que ces hommes aux haines énergiques et aux résolutions intrépides, qui vivent de révolutions, qui se nourrissent de leurs maximes, qui se fortifient de leurs succès, et qui s'affaiblissent de leurs revers. Louis-Philippe obtint tout ce qu'il voulut de Ferdinand VII. Les ministres du roi d'Espagne et son ambassadeur à Paris s'empressèrent toujours de dissiper les plus légers nuages qui ne manquèrent pas, parfois, de s'élever aux yeux du nouveau roi des Français, après la révolution de Juillet. Eh! bien, je puis assurer que le caractère de Charles V offrirait des gages encore plus certains de neutralité que celui de son auguste frère. Charles est l'homme du monde le plus éloigné d'aimer à s'immiscer dans les affaires étrangères à sa position, à son pays et à ses devoirs; je crois que s'il le pouvait (et ce ne serait pas moi qui désapprouverais alors sa politique), il dresserait une muraille plus haute que celle de la Chine entre l'Espagne et les autres pays. En voilà assez sur ce chapitre; je crains même d'en avoir trop dit.

M Fonfrède croit que le refus d'intervention a été utile à l'Espagne. Oui, il l'a été, parce qu'il n'a pas empiré les affaires; mais a-t-on avancé quelque chose? Rien, absolument rien. La même impuissance existe encore aujourd'hui de la part des révolutionnaires pour triompher des royalistes, et la même impuissance pour remporter sur les révolutionnaires un triomphe décisif marque aujourd'hui, comme auparavant, tous les efforts des soldats de la cause légitime. La révolution se trouve plus abâtardie que jamais. Tombée entre les mains d'hommes ridicules qui ne savent ni l'exploiter, ni la combattre, elle n'enfante aujourd'hui, pour les partisans de Christine, que de nouveaux surcroîts de division et de discorde. Les prétendus modérés qui administrent le gouvernement de Madrid sont déjà usés, sans que leur fameux système ait fait autre chose qu'entretenir la guerre civile pendant toute la durée de leur règne. Mais ils commenceront par descendre ; plus tard ils tomberont, et ils finiront par être traînés dans les rues et foulés aux pieds de tous les partis.

Le quadruple traité est la cause de tout le mal, et je dirai à mon tour de cette déplorable conception politique tout ce que dit M. Fonfrède de l'intervention directe et effective, telle que le voulait M. Thiers. La quadruple alliance a *faussé la question espagnole*. La quadruple alliance montre la guerre d'Espagne et ses résultats *sous un masque trompeur*. Elle *démontre* aux yeux de l'Europe *l'impuissance du parti constitutionnel espagnol*, sans lui fournir les moyens de vaincre.

Elle démontre que les révolutionnaires ne sont *ni assez forts ni assez moraux* pour résister au parti de la vieille monarchie.

Sans la demi-intervention du traité Talleyrand, *tous les nuages se seraient déjà dissipés, et l'état de l'Espagne aurait été mis à découvert pour tout le monde;* et c'est là aussi, selon moi, comme selon M. Fonfrède, *le plus grand pas qui pût être fait vers la pacification de ce malheureux pays.*

Qu'on nous laisse donc agir librement et nous y arriverons. Si nous sommes vaincus, nous le serons pour toujours, et dans ce cas, croyez bien que les révolutionnaires auront acquis une expérience utile aux développemens de leurs vues, qu'ils auront changé de système, qu'ils se seront pliés à modifier leur politique et qu'ils auront appris à se faire des amis.

Si Charles V est vainqueur, long-temps avant, S. M. se sera débarrassée des conseillers aveugles, des courtisans parasites qui l'entourent; et placé au point d'où part la seule route qui puisse le conduire à son triomphe légitime, Charles aura parlé; il aura été entendu de tous les Espagnols; il aura calmé leurs esprits et apaisé leurs alarmes. Il n'y a pas d'autre voie praticable, il faut passer par là; mais n'est-ce pas une belle avenue pour un roi magnanime?

Je ne crains pas de le dire, car je ne crains pas de me brouiller, et pour toujours, au besoin, avec tout système autre que celui que je désire, autre que celui qui peut seul, j'en ai la conviction, donner à Charles la couronne paisible de l'Espagne et l'assurance de la léguer intacte et durable à sa postérité. Il faut que Charles, fort de son prestige et de sa légitimité, accomplisse lui-même la révolution que l'état de la Péninsule exige impérieusement, que les lumières du siècle qui ne sont point éteintes pour l'Espagne demandent à ses gouvernans, ou bien il faut que de nouveaux révolutionnaires effacent tout ce que les autres ont fait jusqu'à ce jour ; qu'oubliant Charles, Isabelle, Christine, *los serviles*, *los afrancesados*, l'armée de la foi, la décade calomardine, les *zeistes* (1), les statutistes, etc., ils renversent un vieil édifice pour en bâtir un nouveau qui ne ressemble en rien à celui où vivent les Espagnols, ou pour mieux dire où ils meurent.

Qu'on me dise maintenant ce qui est plus facile et de quel côté la sagesse et la prudence ordonnent de se ranger. N'est-ce pas sous le noble étendard de la légitimité, n'est-ce pas autour du trône que les Espagnols dévoués, braves et reli-

______

(1) Les partisans du système de M. Zea.

gieux soutiennent sur leurs épaules et défendent avec leurs bras? Qu'on ne craigne pas que nous ne puissions tenir tête à la sottise, au fanatisme et à l'intolérance de certaines gens. Leur règne est fini, ils se débattent à un pas seulement de leur tombe; sauvons le roi, et nous n'avons rien à redouter. Avec un roi légitime, bon, juste, humain et généreux, nous ferons aisément le reste !

La France, l'Angleterre et les autres puissances auraient alors le plus beau rôle à jouer ; que de moyens n'ont-elles pas entre leurs mains pour aider Charles V dans l'œuvre immortelle de notre régénération politique !..... et combien n'en auraient-elles pas pour le conduire de suite à la place où il serait impossible de ne pas bien faire ! Voilà la véritable intervention. Appuyez la réorganisation de notre monarchie d'après les bases qui sont infailliblement populaires en Espagne. Aidez le roi contre les hommes exagérés des deux partis et laissez lui faire le bien comme il l'entendra. Soyez là seulement pour empêcher le mal où pourraient nous entraîner des hommes poussés par la perversité ou égarés par l'ignorance. L'Espagne alors, au lieu de vous être à charge, vous rendra service pour service, et les Espagnols de tous les partis qui maudissent aujourd'hui votre politique temporisatrice et votre fatale demi-in-

tervention , vous combleront alors de leurs béné-
dictions et de leurs témoignages de reconnaissance.

Je terminerai cet opuscule en remerciant
M. Fonfrède de m'avoir procuré l'occasion de l'é-
crire, et de faire connaître la position des partis
en Espagne et les élémens dont ils se composent.
L'histoire particulière de chacun, appuyée de
noms propres, de documens d'une haute importance, deviendra sans doute un jour l'objet de pu-
blications postérieures. Dans celles-ci on remar-
quera que j'ai évité, autant que possible, de nommer des personnes, et que j'ai sacrifié à certains
égards que je ne me croirai pas toujours obligé de
garder la partie la plus intéressante de cette première et succincte publication.

Aucun des partis, constitués comme ils sont
aujourd'hui, ne sera content de cet écrit ; mais je
suis sûr qu'il se rencontrera dans chacun d'eux
un petit nombre de personnes qui ne s'associeront
pas au blâme proféré contre moi par les autres.
Eh bien ! ceux-là me suffisent. Je n'aime pas la
foule, et je suis fier que très-peu seulement me
comprennent. Au milieu des vicissitudes de ma vie,
j'ai observé que les hommes de l'esprit le plus droit
parmi mes connaissances m'ont toujours conservé
la même amitié, quoique souvent je me sois avancé

dans des voies qu'ils blâmaient, et qui contra-
riaient ouvertement les leurs.

Cela m'a conduit insensiblement à estimer peu
et à ne jamais regretter ceux qui m'ont tourné le
dos pendant ma vie; ainsi les défections des
hommes pris individuellement, et surtout celles
des partis en masse, m'amusent plus qu'elles ne
m'affectent.

FIN.